Gottfried Berron

Lichtblicke in Krankheitstagen

skv edition

Bildnachweis:
Titelbild: Foto: L. Bertrand; S. 3: Foto: F. Schmidle; S. 7: Foto: T. Krüger; S. 11: Foto: © UM; S. 15: Foto: S. Burton; S. 19: Foto: K. Gomille; S. 23: Foto: © UM; S. 27: Foto: H. Fenchel; S. 31: Foto: G. Horstmann; S. 35: Foto: © UM; S. 39: Foto: L. Bertrand; S. 43: Foto: W. Guthmann; S. 47: Foto: I. Emmelius-Bierling

Die Deutsche Bibliothek – CIP-Einheitsaufnahme:

Lichtblicke in Krankheitstagen /Gottfried Berron. - 8. Aufl.
Lahr : SKV-Ed., 1994
(SKV-Bild-Text-Band ; Nr. 92621)
ISBN 3-87729-420-0
NE: GT

ISBN 3 87729 420 0

SKV-Bild-Text-Band Nr. 92621
8. Auflage 1994

Gesamtherstellung:
St.-Johannis-Druckerei, 77922 Lahr
Printed in Germany 3872/1994

Sinn und Segen

Es gibt kein sinnloses Leiden. Es gibt keine Krankheit, die von einem Sinn gelöst wäre, und es gibt kein Leben, das unwert wäre und das nicht wert wäre, gelebt zu werden. Gottes Ziel ist nicht unser Schmerz und unsre Not und unser Elend und unsre Finsternis, Gottes Ziel ist für die Leidenden und für die, welche die Leidenden lieben sollen, Offenbarung seiner Herrlichkeit.

Und darin wirst du Werkzeug der Herrlichkeit Gottes, daß du dein Leiden im Glauben an die höheren und unbegreiflichen Gedanken und Wege Gottes trägst, daß du dein Blindsein glaubend trägst, daß du im Glauben die Gelähmten pflegst und daß du die Verwirrten trägst mit deinem Glauben und mit deinem Gebet und mit deiner Liebe, denn nichts läßt die Herrlichkeit Gottes mehr aufstrahlen als die Liebe. Gottes Herrlichkeit ist Barmherzigkeit an uns und durch uns.

Ein jedes Leben kann im Dienste Gottes stehen; das Leben des Tätigen nicht mehr als das Leben des beiseite Gerückten und Gelähmten oder Blinden. Es gibt keine größere Gnade als die, Werkzeug zu sein, durch welches die Herrlichkeit Gottes offenbar wird.

Heinrich Wilhelm Preuß

Jede Krankheit hat ihren besonderen Sinn.

Christian Morgenstern (1871–1914)

Aus dem Lande der Krankheit

Je tiefer man in ein fremdes Land vordringt, um so spannender wird es. Im Lande der Krankheit kann es dann bis an die Grenze gehen, bis dorthin, wo der Abgrund ist, wo dich nichts mehr hält – als Gottes Hand.

Es wurde mir die Frage gestellt: »Was ist von allem, das du gelernt hast im Spital, das Wichtigste?«

Eigentlich möchte ich sofort antworten: »Die Geduld!« Aber wahrscheinlich muß ich dann doch noch etwas anderes höher einstufen. Ohne Zweifel ist die Geduld eine gute Frucht, die auf dem steinigen Acker der Krankheit wachsen kann, und wer sechs Wochen oder Monate oder Jahre unbeweglich auf dem Rücken liegen muß, der hat Gelegenheit, diese Frucht in seinem Innern reifen zu lassen. Kennen wir doch die unerfreuliche Erscheinung des Zeitgenossen, dem noch immer alles gelungen ist, der die Gesundheit für sein gutes Recht hält. Wenn so einer mal aufs Krankenlager gelegt wird und Geduld lernt, dann hat er viel gelernt, vielleicht war das seine Rettung.

Was war nun aber das Wichtigste, das ich im Krankenhaus gelernt habe?
Wenn ich in dem Tagebuch meiner Reise durch das Land der Krankheit blättere, so finde ich immer wieder den Grundton der Dankbarkeit. Da steht zum Beispiel: »Wie dankbar bin ich für die Pflege der Schwester, des Arztes, der Saalmädchen und der Krankenpfleger. Wie kostbar ist jeder Griff, dazu ein gutes Wort voll Mitgefühl, ein Anhauch des Lebens!«
Welch unvergleichbare Wohltat kann es bedeuten, wenn Christen an unser Krankenlager treten! Manch stärkendes Wort und viele Freundlichkeiten habe ich von Besuchern erfahren. Ich werde auch nie den Handwerker vergessen, der sich verabschiedet hatte und noch einmal zurückkam, um zu sagen: »Gestern abend und heute morgen habe ich für Sie gebetet.«
Wie sollte die Dankbarkeit nicht alles überwiegen, wo wir doch die Erfahrung machen dürfen: Einer ist da, der dafür sorgt, daß die Kranken nicht verlassen, sondern umgeben sind von Fürbitte, Trost und Hilfe.

Herbert Wild

Man muß nicht gleich zuviel wollen. Da meint wohl eins, wenn es krank ist, erst dann sei es erhört, wenn es wieder gesund ist. So hilft der Herr nicht immer. Er hilft auch unter der Krankheit, unter dem Kreuze, so, daß die Krankheit bleibt und das Kreuz bleibt, aber die Hilfe dabei ist.

Johann Christoph Blumhardt (1805–1880)

In jedem Kelch der Trübsal, den Gott den Menschen reicht, ist ein Tropfen Honig; aber man schmeckt ihn oft erst, wenn man den Kelch bis auf den Grund geleert hat.

Charles Haddon Spurgeon (1834–1892)

Segen der Krankheit

Wie dank ich euch, ihr Krankheitstage,
die ihr so hoch gesegnet seid!
Die ihr uns trennet von der Plage
der irdischen Beweglichkeit!

Wo still der Geist bei sich zu Hause,
der sonst sich stachelnd vorwärtstreibt,
wo von dem wilden Lebensbrause
ein Flüstern nur noch übrigbleibt.

Wie eine Mutter voll Erbarmen
die Schmerzen stillt dem kranken Kind,
so hält dich Gott in milden Armen,
die nie dem Flehn geschlossen sind.

Und ist die Welt von dir geschieden,
nach innen wende Aug und Sinn;
aus Angst entflieh zu tiefem Frieden,
aus Schmerz zur ewgen Wonne hin.

Gottfried Kinkel (1815–1882)

Von der Kunst, krank zu sein

In den allermeisten Fällen sehen wir in unserer Krankheit nur etwas Negatives: sie macht Beschwerden, kostet Zeit und Geld, ist eine ärgerliche »Betriebsstörung«, die den normalen Lebensrhythmus unterbricht und möglichst rasch behoben werden muß. Aber ist es richtig, eine Krankheitszeit nur unter diesem negativen Aspekt zu sehen? Werden die Tage oder Wochen, die wir ans Bett gefesselt sind oder auch im Krankenhaus zubringen müssen, nicht vielleicht erst dadurch zu »verlorenen« Tagen, daß wir sie verloren *geben,* weil wir eben »die Kunst, krank zu sein« nicht beherrschen? In der Tat glaube ich, daß eine Krankheit und die Zeit, die sie zur Heilung braucht, durchaus auch ihre positiven Seiten hat. Dann nämlich, wenn ich sie nicht von vornherein als »verlorene Zeit« ansehe, sondern als Gelegenheit, Dinge zu tun, für die ich sonst keine Zeit und keine Ruhe habe. Ich denke dabei an drei Dinge.
Zunächst ist eine Krankheit, besonders wenn ich

dabei still im Bett liegen muß und vielleicht auch zum Lesen noch zu schwach bin, eine wunderbare Gelegenheit zum *Nachdenken*. Über meine Lebensgeschichte. Über meinen Lebensstil. Über meine Beziehungen zu gewissen Menschen, zu den Kindern, dem Ehegatten, einem Kollegen. Über meinen Glauben.

Dann schenkt mir eine Krankheit oft sehr viel Zeit zum *Lesen*. Ich lese ruhig und beschaulich, nicht gejagt von Terminen und Verpflichtungen – und meine Krankenstube öffnet sich zu einer bunten, bewegten, neue Erkenntnisse und beglückende Erfahrungen schenkenden Welt.

Drittens kann eine Krankheitszeit eine hervorragende Gelegenheit zum *Gespräch* werden. Natürlich brauche ich zum Gespräch einen geeigneten Partner. Aber könnte es nicht für manches Familienglied und auch für manchen Besucher geradezu ein Geschenk sein, daß er für eine halbe Stunde in meine Ruhe hineingenommen wird und über für mich und ihn Wichtiges nachdenken und sprechen darf?

Gerhard Oehlmann

Eduard Mörike dankt Goethes Schwiegertochter Ottilie von Goethe für ihre »liebreichen Zeilen«:

Mit Rührung sehe ich, daß diese Zeilen unter den gleichen Umständen geschrieben sind, unter denen ich sie empfing und gegenwärtig auch beantworte – auf dem Krankenbett nämlich. »Krank sein heißt ausruhen«, sagen Sie. Ich habe mir diese Worte indessen mehr als einmal, wie einen neu gefundenen Trost, im stillen wiederholt, und in der Tat, von einer Kranken mit der Sicherheit der eigenen Entdeckung, mit dem Bewußtsein einer in sich gewiß gewordenen Seele ausgesprochen, leuchten sie ganz anders ein als aus dem Munde irgend jemandes ... Eine Bedingung ist bei Ihrem Spruch: daß körperlicher Schmerz, wo nicht ganz ausgeschlossen sei, so doch den inneren Menschen immer wieder zu Atem kommen lasse.

Mergentheim, 7. Februar 1848

Die besten und gesündesten Gedanken gab mir der liebe Gott fast immer in kranken Tagen. So macht er die bitteren Wasser süß und läßt die, die ihn lieben möchten, erfahren, daß er alle ihre Sachen, und vornehmlich ihre Leiden, zum Besten kehrt.

Otto Funcke (1836–1910)

In der Krankheit kommt mancher zum Bewußtsein seiner selbst.
Wenn körperliche Gesundheit das Beste ist, dann ist es überflüssig, Mensch zu sein. Dann ist es überflüssig, ein geistiges Leben zu führen, das die Materie zu meistern sucht. Dann ist es genug, ein Wurm, ein Kaninchen, eine Forelle oder ein anderes der Tiere zu sein, die eine weit bessere Körpergesundheit aufzuweisen haben als der kompliziert geschaffene Mensch.

Peter Rosegger (1843–1918)

Wenn du irgendwann den Eindruck hast, daß deine Leiden zu groß und zu schwer zu ertragen sind, dann richte deinen Blick auf Jesus! Denke an ihn, wie er litt, und bitte den Heiligen Geist, dir Christus zu offenbaren. Bitte nicht nur darum, in deinen Leiden aushalten zu können, sondern auch, Gott darin sehen zu können.

Ole Hallesby

Jesus sagt: »Wenn jemand mit mir gehen will, dann verleugne er sich selbst und nehme täglich sein Kreuz auf sich.« Was heißt nun aber genau »sein Kreuz auf sich nehmen«? Es heißt nicht einfach, die Last der Ehe, den schwierigen Ehegatten oder die unheilbare Krankheit resigniert auf sich zu nehmen, das Herz voll Bitterkeit, Groll und Selbstmitleid. Sondern es heißt eben, diese schweren Dinge als Kreuz auf sich zu nehmen, also als eine Last, die uns mit Jesus verbindet, weil auch er das Kreuz in freiwilligem Gehorsam auf sich genommen hat. Wir nehmen dann die Ehe, den Gatten oder die Krankheit an als die Last, die uns Gott auferlegt, damit wir seinem Sohn von ferne nachfolgen können.

Theodor Bovet

Jede Krankheit sperrt uns in die »enge Höhle« der Sorge um das eigene Ich. Es ist unser gutes Recht, in solchen Zeiten dem eigenen Leben mehr Beachtung zu schenken als in den Zeiten erfüllter Berufsarbeit. Und doch gilt es aufzupassen, daß wir im egoistischen Wesen nicht ersticken.

Auch wenn man selbst in Unfreiheit gebunden ist, kann man offen sein für das, was die anderen draußen in ihrer Welt erleben. Man kann sich mitfreuen an ihren Erfolgen und kann ihre Sorgen und Schwierigkeiten mit aufs Herz nehmen und in die Fürbitte mit hineinnehmen.

Nach einer Mahnung des Apostels Paulus sollen wir Gott unsere Leiber zum Opfer bringen. Nicht nur den gesunden, auch den versehrten Leib kann man Gott darbringen, und wir dürfen gewiß sein, daß diese Darbringung vor ihm nicht weniger gilt als der Einsatz eines Lebens, das sich in ungebrochener Kraft auswirken darf.

Jeder Mensch ist nach dem Ebenbild Gottes geschaffen und als solcher befähigt und berufen zur Gemeinschaft mit dem ewigen Du. Mag der Leib noch so sehr zur Wesensausprägung unserer Existenz gehören, der Wert des Menschen vor Gott wird dadurch nicht angetastet, daß ich als Contergankind ohne Arme geboren wurde, daß ich blind zur Welt kam, daß ich mit verkrüppelten Füßen oder Fingern umhergehen muß oder einen gekrümmten Rücken habe. Solange ich mir meiner göttlichen Abstammung und Würde bewußt bin, ist kein Grund vorhanden, das Leben zu verwünschen, auch wenn ich zu den leiblich Benachteiligten gehöre.

Adolf Köberle

Von dir, o Vater, nimmt mein Herz
Glück, Unglück, Freuden oder Schmerz,
von dir, der nichts als lieben kann,
voll Dank und voll Vertrauen an.

Nur du, der du allweise bist,
nur du weißt, was mir heilsam ist;
nur du siehst, was mir jedes Leid
für Heil bringt in der Ewigkeit.

Ist alles dunkel um mich her,
die Seele müd und freudenleer,
bist du doch meine Zuversicht,
bist in der Nacht, o Gott, mein Licht.

Wie oft, Herr, zagt ich, und wie oft
half deine Hand mir unverhofft!
Den Abend weint ich, und darauf
ging mir ein froher Morgen auf.

Johann Kaspar Lavater (1741–1801)

Heilende Kräfte

Die Gewißheit kann jeder fassen: In Gott sind unerschöpfliche, unermeßliche Kräfte des Lebens, der Liebe und des Friedens. Diesen heilenden Kräften will ich mich öffnen, ich will sie in mich einströmen lassen, daß sie auch meinem Leib zugute kommen bis hinein in jede einzelne Zelle. Besonders am Morgen und am Abend sollte jeweils eine kürzere oder längere Zeit dafür frei gemacht werden, daß wir uns bewußt dankbar aufschließen für diesen Zustrom aus der Ewigkeit. Am besten verwenden wir dafür kurze Sätze aus der Schatzkammer der Bibel und des Kirchenlieds. Auch tut man gut daran, sich solche Sätze zu wiederholten Malen laut oder leise vorzusagen.

Damit die Gegenwart Gottes uns ganz erfüllen kann, ist es unerläßlich, daß wir unser Gemüt von Zorn und Haß, von Neid und Streit, von Geiz und Unversöhnlichkeit reinigen.

Besonders wichtig für jedes heilende Geschehen von innen her ist die Einübung in der Gelassenheit. Je gelassener wir uns in die auferlegte Krankheitszeit schicken, um so eher werden wir sie dadurch verkürzen.

Geben wir doch den trüben, den mutlosen und lähmenden Gedanken den Abschied und erfüllen wir uns mit aufbauenden und lebenschaffenden Gedanken, die gewiß die gleiche Kraft haben, an uns zu arbeiten, wie das verneinende Material, dem wir viel zuviel Einfluß auf uns einräumen.
Nicht nur die Gesunden müssen die Kranken verstehen und bejahen lernen. Auch die Kranken müssen es lernen, den Gesunden ihrer Umwelt gegenüber die rechte Einstellung zu finden. Neid wirkt lähmend auf die Erkraftung der inneren Organe und verdirbt darum alles nur noch mehr. Freuen wir uns lieber darüber, wenn uns Angehörige und Freunde mit frischen, frohen Gesichtern besuchen! Adolf Köberle

Der gesunde Mensch ist krank, wenn sein Blick haften bleibt an den armen, vergänglichen Dingen dieser Erde. Der kranke Mensch ist gesund, sobald er durch den Glauben Zugang gefunden hat zur ewigen Hoffnung.

Friedrich von Bodelschwingh (1831–1910)

Bekenntnis und Vergebung der Schuld können manchen kranken Menschen befreien und (er-)lösen.

Kurt Rommel

Wer in Geduld trägt, was zu tragen ist, und nun bittet um Kraft, dem wird's nicht fehlen.

Johann Christoph Blumhardt

Vertrauen hilft Leiden bestehen

Sei still zu Gott! Dein Heiland ist bei dir,
der nimmer dich verläßt.
Er sendet dir von offner Himmelstür
die Engel mauerfest
um dich und über dir zum Schutze,
daß dir's gelingt, dem Feind zum Trutze.
Sei still zu Gott!

Sei still zu Gott, der wunderbar zu sein
noch nicht vergessen hat.
Harr seiner fest und glaub's, daß er erschein
und zeige mit der Tat,
wie leicht ihm's ist, in allen Dingen
das Herrlichste noch zu vollbringen.
Sei still zu Gott!

Johann Christoph Blumhardt

Wir sind geborgen, wenn wir uns ganz dem Herrn überlassen.

Laßt uns nie verzagen! In den schlimmsten Zeiten wollen wir dem Herrn vertrauen, der die Finsternis der Todesschatten in den lichten Morgen verwandelt.

Charles Haddon Spurgeon

Vertrauen in die Führung Gottes schützt nicht vor Leiden; aber es hilft Leiden bestehen und läßt uns selbst den schwersten Erfahrungen noch ihren frei machenden Sinn abringen.

Der Vertrauende nimmt den bösen Widerfahrnissen seines Lebens den tödlichen Stachel, ja er schickt Heilung in die Dinge.

Willy Kramp (1909–1986)

Sei's auch, daß unser Glaube nur noch an einem Faden hängt, wenn der Schmerz gar zu groß ist, so läßt doch Gott diesen Faden nicht brechen, wenn du geduldig ausharrst.

Johann Christoph Blumhardt

Gewiß hat jeder Mensch ein Recht auf Freude, auf Gesundwerden und Gesundbleiben. Aber wir sollten dieses Ziel nicht erzwingen auf dem Weg über Zauberei und schwarzmagische Beschwörung.

Adolf Köberle

Nicht überall, wo Wunder geschehen, ist Jesus am Werk. Aber überall, wo Jesus am Werk ist und man seinem Wirken vertraut, können Wunder geschehen.

Gottfried Berron

Wenn wir leiden, bekommen wir leicht auch einige Angst, ob nicht wirklich Gott selbst mit uns unzufrieden wäre, daß es uns so gehen muß. Gegen Verzweiflungsgedanken – als ob Gott selbst ungnädig wäre aus verborgenen Gründen – hilft nichts besser, als daß man's demütig, gleichsam auf Gnade und Ungnade, Gott anheimstellt. Denn das gefällt dem Herrn so sehr wohl, daß er um solchen Vertrauens willen alle etwaige Schuld vergibt.

Johann Christoph Blumhardt

Gottes Wege sind vollkommen.
Er ist ein Schild allen, die ihm vertrauen.
Denn wer ist ein Fels, wenn nicht unser Gott?

Psalm 18, 31.32

Verlaßt euch auf den Herrn immerdar;
denn Gott der Herr ist ein Fels ewiglich.

Jesaja 26, 4

Alle eure Sorge werft auf ihn;
denn er sorgt für euch.

1. Petrus 5, 7

Getrost!

Und ob die Nacht auch bange
und drohend dich umdrängt,
getrost, es währt nicht lange,
er wacht, der alles lenkt.
Er ist mit dir im Bunde,
der Nacht und Wetter bricht;
sei still, zu seiner Stunde
schickt er dir schon das Licht.

Und geht dein Fuß durch Tränen
und Sorge ist dein Brot,
getrost, er kennt dein Sehnen,
er weiß um deine Not.
Er ist dir treu geblieben
und segnend seine Hand,
sein Sorgen und sein Lieben
ist doch auf dich gewandt.

Mußt dich an ihn nur halten,
der ewig ist und war,
wie wunderbar sein Walten,
bald wird es offenbar.
Mußt seine Hände fassen
und glauben fest und blind,
er kann dich nicht verlassen,
du bist und bleibst sein Kind.

Und kannst du nicht verstehen,
nicht gründen, was geschah,
mußt seinen Weg nur gehen
und glauben, er ist da.
Aus Glauben schenkt er Schauen
und Wesen aus dem Schein.
Die seinem Wort vertrauen,
die läßt er nicht allein.

Fritz Woike

In Gottes Hand

Dieselbe Hand Gottes, die uns niederbeugt, wartet darauf, uns zu erheben, sobald wir den Segen tragen können.

Wenn wir in der Hand des Herrn sind, wenn sie uns die Leiden schickt, so empfangen wir aus ihr auch Trost und Errettung. Er kann den Sommer in einen kalten, trüben Wintertag verwandeln, ebenso schnell kann er die Wolken verjagen und die Sonne wieder scheinen lassen.

Unterwirf dich der Hand Gottes, so verliert die Trübsal ihre Schärfe! Der Eigenwille, das Murren und Klagen machen dir hundertmal mehr Schmerzen als das Leiden selbst.

Nicht nur an sonnigen Tagen ist Gott unser Freund, sondern auch in Tagen der Not.

Der Weg durchs Tal der Todesschatten ist finster; aber wir dürfen ihn furchtlos betreten, denn wir wissen, daß Gott mit uns ist, wenn wir durchs finstere Tal wandern. Wir müssen Abschied nehmen von allem, was uns hier lieb und teuer gewesen ist; aber wir gehen ins Vaterhaus, in unseres Vaters Heimat, wo Jesus ist.

Wir gehen nicht im Tode unter, sondern eilen einem herrlicheren Leben entgegen.

Gott hat der Art, der Zeit, der Heftigkeit, der Wiederholung, den Folgen all unserer Krankheiten Maß und Ziel gesetzt.

Verzweifle nicht, sondern komm zum Herrn mit all deinen offenen Wunden, deinen Schmerzen und Krankheiten. Er allein kann heilen, und er freut sich, es tun zu dürfen. Es ist unseres Herrn Amt, die zerbrochenen Herzen zu verbinden.

Charles Haddon Spurgeon

Wenn der Tod wie ein dunkler Abgrund vor uns liegt, wenn die Macht des Todes so groß und alles erfüllend wird, daß wir den guten Hirten fast nicht mehr sehen können, wenn uns die Versäumnisse unseres Lebens einholen und anklagen, dann gilt es ganz neu zu entdecken: »Der Herr ist mein Hirte. Er führet mich auf rechter Straße.« Er geht vor mir her – auch in dieses dunkle Tal hinein. Mein Weg ist auch sein Weg. Und das Ziel meines Weges heißt: »Ich werde bleiben im Hause des Herrn immerdar.« Klaus Scheffbuch

Aus Psalm 73

Hab ich dich nur, bleib ich still
und will nimmer achten
Erd und Himmel. Wenn mir will
Leib und Seel verschmachten,
so wirst ewiglich doch du,
Gott, sein meinem Herzen
Trost, Erquickung, Fels und Ruh
und mein Teil in Schmerzen.

Johann Christoph Blumhardt

In der grausamsten Wüste, in der größten Verlassenheit, wenn kein Freundesohr dir zugänglich ist und kein Mensch mehr sich um dich annimmt, wenn die Steine deine Klagen nicht anhören und die Natur sich vor deinen Schmerzen verschließt – dann ist einer da, einer, der dich sieht, dich hört, der weder schläft noch schlummert, der mit dir wacht, wenn niemand eine Stunde mit dir wachen will, Jesus Christus, der Mann von Gethsemane, der Mann auf dem himmlischen Thron, er, der in allem Erprobte und Bewährte, er, der dir hilft. Der Retter aus aller Not.

Johann Friedrich Oberlin (1740–1826)

Gott läßt seine Kinder oft kraftlos und unterdrückt werden, daß jedermann meint, es sei mit ihnen aus und habe ein Ende; und eben in demselben ist er am stärksten da. Denn wo Menschenkraft ausgeht, da geht Gottes Kraft ein, so der Glaube da ist und wartet dessen.

Martin Luther (1483–1546)

Es gehe, wie es gehe – dein Leben ist in Gottes Hand, und er hat die Macht, dir die Gesundheit wiederzuschenken. Suche ihn, und du wirst ihn finden; denn wer ihn in Wahrheit anruft, wer ihn im Namen Jesu Christi bittet, dem antwortet er.

Hermann Friedrich Kohlbrügge (1803–1875)

Das Gebet ist der himmlische Hafen, in den wir uns vor den Stürmen des Lebens bergen.

Charles Haddon Spurgeon

Wenn einer nicht mehr beten kann, wenn seine Seele gleich einer Wüste geworden ist, voll Dornen, Disteln und Unglaubens, und es steigt einem solchen Menschen mitten in seiner Unseligkeit vielleicht nur einmal der Seufzer auf: Herr, erbarme dich! oder: Herr, wie so lange! – meinst du, dieser Seufzer sei nicht soviel wert wie stundenlanges Gebet?

Ludwig Hofacker (1798–1828)

Herr, ich traue auf dich,
laß mich nimmermehr zuschanden werden.
Sei mir ein starker Hort,
zu dem ich immer fliehen kann,
der du zugesagt hast, mir zu helfen;
denn du bist mein Fels und meine Burg.
Du bist meine Zuversicht, Herr, mein Gott,
meine Hoffnung von meiner Jugend an.
Gott, sei nicht ferne von mir;
mein Gott, eile, mir zu helfen!
Du lässest mich erfahren
viele und große Angst
und machst mich wieder lebendig
und holst mich wieder herauf
aus den Tiefen der Erde.
Meine Lippen und meine Seele,
die du erlöst hast,
sollen fröhlich sein
und dir lobsingen.

Aus Psalm 71

Uns wird Antwort

An einem herbstlichen Vormittag, als ich an meinem Schreibtisch saß – es war alles so gut; die Sonne schien mild, und mein Herz war im Einklang mit Gott –, da rief mich plötzlich meine Frau mit einer Stimme, die aufschreckte. Ich lief zu ihr hin und sah, wie sie mit ihren Händen sich mühte, unser Kind an ihren Knien hochzuhalten, das leblos und matt herabhing.
»Eine Ohnmacht«, sagte ich, faßte zu und trug das Kind hinein, das schlaff und blaß in meinen Armen lag, und legte es aufs Bett. Jetzt kam es zu sich und weinte ein wenig fragend und verwundert. Lippen und Gesicht waren ohne Farbe.
Wir riefen einen Arzt. Er untersuchte lange, und ich ahnte nun schon das Wort, als er sich aufrichtete: »Herzmuskelentzündung«.
Unser Töchterchen durfte sich nicht bewegen, es sollte nicht einmal den Kopf heben. Es durfte auch nicht ins Krankenhaus gebracht werden. Bewe-

gungslos lag es Tag um Tag, und der Puls raste. Es hatte Fieber.

In der zweiten Nacht danach, als das Geschehene und vielleicht Geschehende immer ernster auf uns eindrang, als ich im Bett neben dem Kind lag und der Puls in seiner Hast kaum zu zählen war, tat ich das, was man in solchen Fällen tut. Ich weiß nicht mehr, ob ich viele Worte formulierte; ich weiß nur, daß ich immer wieder stumm dasselbe rief: »Ich bitte dich, Vater im Himmel, lieber Vater im Himmel!«

Ich hatte diese Anrede bisher kaum gebraucht. Wir beteten zu unserm Herrn Jesus Christus. Aber diesmal geschah es in mir, daß ich immer den Vater anrufen mußte. Ich klammerte mich an diese Worte: »Lieber Vater im Himmel!«, die während des Rufens für mich mehr und mehr die Antwort in sich bargen und den Strom des Trostes. Ist es überhaupt möglich, daß Gott nicht tröstend antwortet, wenn man ihn bei seinem Vaternamen bittet?

Während unser Kind nun unruhig schlief, während ich nebenan bei der offenen Tür meine Frau in einer

gleichen Bedrängnis hörte, während immer wieder eine neue Flut in mir aufbrach, erhielt ich schließlich nach langer Zeit Antwort; jene Antwort, die von oben her ins Herz fließt.
Wir sprachen es in den nächsten Tagen aus, daß wir in Gott bleiben wollten, wenn er uns auch dies einzige Kind nähme; aber es wuchs in uns das Vertrauen, daß es uns erhalten bleiben werde. Da wir es hingaben, erhielt es unser Glaube zurück.
Es kamen bei zunächst gleichbleibendem Sorgenstand andere Tage und Nächte, in denen unser Friede war wie ein Strom und wie Meereswellen. Unser Kind war noch nicht gesund, es war noch nicht aus der Gefährdung heraus, der Arzt verweigerte einen Trost, aber wir wußten schon: In unsrer Erinnerung würde dies das Größte sein, nicht die einmal kommende Gesundung, sondern daß da eine Antwort gewesen war, daß der Himmel sich über uns aufgetan hatte und seine Stimme in unser Herz geflossen war als ein großer Trost, als Friede und Kraft.

Das ist das Erlebnis, das jedem ernstlich Bittenden zuteil wird: Ich darf rufen, und Er erhört und ist bei mir in der Not.
Es geschieht nicht immer so und geschah nicht immer so, daß ein Kind zurückgegeben wurde, daß eine Sorge oder Krankheit genommen wurde, aber Gott wird uns die innere Antwort geben, daß er gehört und seinen Blick auf unsre Not gerichtet habe. Er wird uns den Zipfel seines Mantels sehen lassen, und unser Friede wird darin beruhen, daß wir sein Nahesein spüren.
Ein ganzes Vertrauen wird uns erfüllen, und in diesem Vertrauen wird uns beides möglich sein: unsre Bitte hinzugeben und den Weg ins tiefe Tal des Leides zu gehen, wenn es denn sein Wille ist, aber auch zu glauben, daß wir aus der Güte dessen behalten dürfen, dem kein Ding unmöglich ist.
Wem Gott antwortet, der ist herausgerissen aus aller Not und zu Ehren gebracht. Er ist von der Hand Gottes umschlossen.

Heinrich Wilhelm Preuß

Quellenvermerk

Wir danken den folgenden Verlagen für die Genehmigung des Abdrucks aus ihren Werken:

Theodor Bovet, »Alltag und Wunder in der Familie«, Katzmann Verlag, Tübingen

»Unsere Kraft wächst aus der Stille«, aus dem Werk von Ole Hallesby R. Brockhaus Verlag Wuppertal und Zürich

Adolf Köberle, »Zuflucht bei Gott«, Calwer Verlag, Stuttgart

Johannes Kuhn (Hrsg.), »Lebenserfahrungen mit Worten der Bibel«, 1983, Quell Verlag, Stuttgart

Gerhard Oehlmann, »Leben kann man lernen«, 1980, Quell Verlag, Stuttgart

Heinrich Wilhelm Preuß, »Er macht meine Finsternis licht«, Christliches Verlagshaus, Stuttgart

Kurt Rommel, »Anruf und Zuspruch«, Quell Verlag, Stuttgart

Herbert Wild, »Randbemerkungen zum Leben«, Morstadt Verlag, Kehl/Strasbourg/Basel

Fritz Woike, »Herzschlag der Zeit«, Edition Emil Müller Verlag im Neukirchener Verlag, Neukirchen-Vluyn